ふんわりまろやかなゴムまりのように　その2

～幸せを感じる生き方～

新倉かづこ　著

Bandaiho Shobo

万代宝書房

ふんわりまろやかなゴムまりのように その2

～幸せを感じる生き方～

はじめに

ごめんね。

かづこは人に喜びを与える人間になりなさい。

いつもいい人に出会うようにしなさい。

いつも楽しいことを考えて生きていきなさい。

幸せになるために生きていきなさい。

失敗体験よりも成功体験を語りなさい。

本当に困ったことがあったらお父さんを呼び出してください。

ずっと見守っていますよ…


8年前になるでしょうか。

越谷で出会ったある男性から、「お父さんはこのように仰っていますよ」と言われたことがあるのです。

その男性が私の講話を聴いた後のことでした。

不思議な体験でしたが、本当に天国で父が言っているように感じて思わず涙してしまいました。
あまりにもあたっていると思ったからです。

私のサロンにて

ほとんど父の記憶が薄い中で、最近父がずっと傍にいるような感覚があるのです。
「かづこは人に喜びを与える人間に成りなさい」
私の人生の役目は幸せを感じる生き方を伝えていくことだと確信を持ち始めています。

目次

序章　素敵な人たちに囲まれて

最近は素敵な人たちに囲まれていると心からそう思っています。
素敵な人とはどんな人？
それは自分の持っている得意とするものをどんどん開花させていく人。
人は人で磨かれる。

私は特技や資格を持っているわけではないけれど、人を輝かせるのが好き。
人は皆、自分で気付かない潜在能力がある。
それが、ひょんなことから表面化することがあるのです。
その時がチャンス！

新倉かづこコミュニティ『ナルミサロン』

二〇一八年五月三日、私は幸せな生き方をお伝えしていくのが自分の使命と思い、新倉かづこコミュニティ☆紳士淑女の大人のサロン「ナルミサロン」を立ち上げました。

自分を知り、それぞれの道を自信をもって輝く人生を送っていただきたいと発足したサロン。**「紳士淑女を目指して、ゆるぎない絆を深めるサロンとして個々の幸せを追求してまいります」**これがナルミサロンのミッションです。

私は子どもの頃からどことなく気品のある人に憧れを抱いておりました。

小学校の頃にはＮＨＫの女性アナウンサーの凛とした落ち着きのある声でニュースを伝える姿に説得力を感じ、礼儀正しい振舞に憧れ、将来はアナウンサーになりたいと思っておりました。

そして美しい言葉遣い、美しい所作に魅力を抱き、今でもその思いを強く持ち続けています。

紳士淑女には「品と知性と美」を感じます。

私は日々の生活の中で「美意識」を大切にしています。

敷居が高いと思われるかもしれませんが、その高みを目指そうとする心・・「親しみやすさの中に礼儀をわきまえる心」と言ったらご理解いただけるでしょうか。


私が所属している倫理法人会の学びもナルミサロンの立ち上げに大きな影響を受けています。

純粋倫理を提唱された丸山敏雄創始者はこのような言葉を残しています。

「女はゴムマリのように生きよ」「男は機関車のように生きよ」

この言葉には深い意味があり、女性としての在り方・男性としての在り方を学ぶことで本来の女性性・男性性とは何か、幸せとは何かを気づかせてくれているのです。


「女はゴムマリのように生きよ」

それはすべてのことを受け入れる受容の心。

女は豊かな感性で受け入れる「喜び上手」に。

男は人に喜びを与える「与え上手」に。

ナルミサロンのイベントで

これからは女性性と男性性が調和しながらハーモニーを奏でる時代だと思っています。

父のこと

父とは、四歳の時に生き別れしました。

父は酒乱で母と私に暴力をふるうことが多々ありました。

でもお酒が抜けると、嘘のように優しい子煩悩な父。

暴力をふるった翌朝に時々「ごめんなさい」と畳に土下座して謝っている姿もうっすらと覚えています。


ほとんど父の記憶はありませんでしたが、私が結婚し一人娘が生まれた時、三十七年ぶりに父と再会しました。

その時に「いたらないお父さんでごめんなさい」とテーブルに頭をつけて謝った父。

そう。父は謝る勇気のある人だったのです。

父は再婚した女性との間に二人娘をもうけました。

私には腹違いの妹がいることになりますが、実際に会うこともでき「私と似てる！」と瞬間的に思ったものです。
父は私に会ってまもなく糖尿病が原因で七十四歳で他界しました。
最後には両脚を切断した父……。
生きている時に会うことができて本当に良かったと思います。
そして父の告別式にも長女として参列することができたのです。

父と一緒に。4歳の頃の私

父からのメッセージ

二年前、断捨離していた頃のこと。ロッカーから父の手紙や自伝が目の前にたくさん飛び込んできました。それも元夫の出身地である鹿児島に講演に行く前日のことでした。

断捨離のお蔭で必要なものが目の前に現れてきたのです。


これは父が喜んでくれている。

直感でそう思いました。

「かづこ。お父さんを思い出してね。もっとお父さんのことを言っていいんだよ。本当にごめんね」と言われているような感覚でした。


鹿児島でその出来事をお伝えし手紙の一部を読ませていただきましたが、読みながら思わず胸が熱くなり声が詰まり父の存在を感じたのです。

聴いてくださっている男性の皆さんは、ご自分のことを色々思い出したのでしょう、涙している方もたくさんいらっしゃいました。

月日が流れ、父の墓参りには行っていましたが、少しずつ忘れかけていた頃に、断捨離によって父の手紙や自伝が目の前に飛び込んできたことは、きっと意味があるのでしょう。

人は死しても手紙が残る。
四十年前の手紙を娘の私が読み上げる。
想像したこともありませんでした。

父の手紙と送られてきた写真

父が喜んでくれているようでした。

そして**父はメッセージを発信する人だった、それが父の個性（たち）だったことが今になって理解できたのです。**

それを私が受け継いでいる。そう確信しました。

たとえ一緒にいる時間が少なくても血を分けた親子は繋がっている……心からそう思えたことに感謝の気持ちがあふれます。

人は死しても生きている！

どんなに離れて暮らしていても、父は祈りを捧げてくれていたのです。

母のこと

私が四歳の時から母一人子一人の生活が始まりましたが、父親がいなくて淋しいと思ったことはありませんでした。

それは母がたっぷりの愛情を私に注いでくれたからです。

九十二歳になった今でも私への愛情は変わりません。


もう少し私に甘えてほしいなと思うことがあるけれど、辛い生い立ちや戦争体験をし生き延びてきたことを思うと、甘えられる人もなく生きるだけで精一杯。

きっと余裕なんてなかったのでしょう。

そう思うと**これからの人生は楽しいことだけをやってほしい**と心から願います。
これは、二〇一七年八月二十九日、私のバースディ・パーティーの折りに、ある方にお願いして皆さんの前で朗読した母への手紙です。

お母さんへ。

今日は私が生まれた日。

来月には八十九歳になるお母さんがこうして元気でいてくれて、私は本当に幸せです。

私が四歳の時、父と別れて片親ひとりでずっと愛情いっぱいに育ててくれました。

だから父親が居なくてもほとんど淋しいと思ったことはありませんでした。

でも、倫理法人会で、両親やご先祖様と繋がれていることの大切さを学んだお陰で、既に他界した父への感謝が溢れて、父とも繋がったときに、真の幸せな感覚を抱くことが出来ました。

そして、お父さんとお母さんがあって、今私が此処に居るという幸せを実感しています。

お母さんは、私が小さい頃、女学校時代の戦争体験を語ってくれましたね。

焼夷弾が飛んでくる中、あちこちと逃げ惑い、川に飛び込んでもそこは火の海、みんな川に逃げても助からず、人が亡くなっていく、悲惨な死をたくさん見てきたお母さん。

よく生き延びてくれました。だから今の私がある。

それだけでも奇跡。生きていることだけでも奇跡だものね。

恋も経験できないまま、家を出たくてお見合いをした父と結婚したお母さん。

四歳のときの父の記憶は、鮮明に残っています。

仕事は優秀だったかもしれないけど、酒乱という癖は子どもの私にとっては恐怖でした。

いつも私をかばってくれましたね。

結局、父と生き別れをしたけれど、私はお母さんの愛情いっぱいに受けて育ってきたので、いつも心が満たされていました。

そして「どんな時でも笑っていなさい。笑っているといい人が寄ってくるよ」というのが口癖でしたね。

そのお蔭で私はどんなに辛いときも、笑顔で乗り越える強さを身に付けることが出来ました。

だから今日もこうしてたくさんの人に祝ってもらえる姿を見せることが出来た

のだと思います。

いつでもどんな時でも、私の味方であるお母さん。

どれだけ安心していられたことでしょう。

二十代で大恋愛をして結婚した私なのに、四十二歳の時、離婚という経験をしてしまいました。

その時がいちばん、お母さんに心配と迷惑をかけてしまいましたね。

あらためて、御免なさい。

いつも家を守り、待っていてくれるお母さんがいるからこそ、私は仕事や活動、そしてお付き合いなど、自由に外に出て行けるのだと思っています。

本当にありがとう。

焼き肉、ステーキ、トンカツ、お寿司、……美味しそうにペロリと平らげてしまうお母さんの姿を見ているのが大好きです。

これからも転ばないように足元に十分気を付けて、いつまでも元気でいてください。また温泉に行こうね。

私を生んでくれて本当にありがとう。

平成二十九年八月二十九日　　かづこ

母と一緒に。２歳の頃の私

現在も母と温泉旅行に

幼い日から短大生の頃までのこと

私が四歳の頃、父の酒乱が原因で生き別れをしました。外でどんなに立派な働きをしていたとしても、子どもの私にとってはお酒を飲んだら豹変するのではないかという怖さがあったので、両親が別れても淋しいとは思いませんでした。

今になってお酒を飲まないときの父は、子煩悩でよくおんぶをしてくれたり、字を教えてくれたり、遊んでくれる優しい父だったことを思い出すようになりましたが……。

母一人子一人の生活が始まり、私は母の愛情いっぱいに、明るく伸び伸びと育っていきました。

幼稚園、小学生、中学生の頃は、「お母さん」とか「ママレモン」というニックネームで呼ばれていたことがあり、**なぜかいつもお友達が寄ってくる人気者でした。**

小学生の頃、私の親友が通信簿で『オール5』を取る頭のいい子がいて、当然学級委員長になったのですが、五年生の頃だったでしょうか、担任の先生が、学級委員長を人気投票で決めると言い出して、正の字で投票数を黒板に書いていったところ、私がトップで選ばれたことがありました。

私は決して勉強好きだったわけではないのですが、その時の印象が鮮明に残っています。

中学、高校、短大と私立の女子校に入学し、女子ばかりに囲まれた生活が始まります。中学のときは模範生みたいと言われ、高校生になって憧れていたモダンダンス部に所属。勉強よりもダンス、ダンスに明け暮れる日々。

こんなにも夢中になれるものがあるって幸せなこと。

憧れる先輩もいてドキドキしたり、可愛い後輩に好かれて手紙や手編みのマフラーや手作りのエプロンなどプレゼントをいただいたものです。

短大に入り、ある学生サークルで元夫と知り合い、恋愛の末、彼と二十四歳のときに結婚しました。

当時は二十四歳で結婚するのは普通でした。今は結婚年齢が遅くなっていますね。大好きで結婚したのにもかかわらず、のちに私のワガママで四十二歳で離婚してしまいましたが・・・。


そして二十歳で損害保険会社に就職。

その頃の保険会社は女性にとって労働条件や待遇が良く大人気の就職先でした。寿退社が多かった中、私は結婚しても働きつづけようと娘を保育園に預け、夫や母に協力を得ながら、仕事と家庭の両立に頑張っていました。


三十一年間のＯＬ生活は今の私の原点ともいえる貴重な体験でした。

株式会社ナルミを立ち上げられたのは、十八年間の教育部門、四年間の広報部門での経験によって培われたノウハウがあったからです。

今でもありがたいＯＬ時代だったと感謝の気持ちでいっぱいです。


人生には無駄がない。起きたことはすべて自分が引き寄せたこと。

最近強くそう思います。

親から子へと繋ぐ目に見えない真善美

私は小さい頃から「美意識」を大切にして育ってきたように思います。

姿形や物など目に見える美しさはとても大切ですが、目に見えないものにこそ「美」があると捉えているからです。

そしてそこには「真善美」の世界がある……。


チルチルミチルの「青い鳥」の童話にあるように、幸せを探し求めて家に帰ったとき、実は身近に幸せがあった…。私達は身近に幸せや美しいものがあることに気付かず、一番大切な人を粗末に扱っていないでしょうか。

一番身近な人にこそ感謝の気持ちを表すことなんですね。


「真善美」は感動する心。

感動は愛されていたことを思い出すもの。


生き別れをした父と、三十七年ぶりに再会したその時に、父が私のことをずっと思い続けてきてくれたことが初めて分かりました。


そういえば子どもの頃、よく学校の正門前で男の人がじっと立っていたことがありました。

最初は父だとは思わず「変なおじさんが追いかけてくる」と怖くて一目散で逃げ出したことがありました。

小さかった私には、それが「かづこに会いたい！」という父親の強い想いだったことに気付きませんでした。

そこには私が大人になるまで目に見えなかった「幸せになってほしい」という父の祈りと「真実の愛」があったのです。


そして「善」は母から学びました。

人間の最大の徳積みは三つあると！


一つ目は、相手のために身体を使って労働すること。

二つ目は、困っている人に寄付などお金を施すこと。

三つ目は、いい言葉を使って相手を励ますこと。

私は中々すべては出来ませんが、徳積みというのは相手を思う気持ちをどう行動に表すかだと理解できるようになっていきました。

そして最後に「美」。

美意識は人生を決定づけるほど大切なものだと思います。

自分の行動は人にどう見られているか、究極のところは、人ではなくお天道様はどう見ているかという判断基準かも知れません。

「私の行為は美しいか美しくないか」と自分を客観的に観るのもいい判断基準になります。

一番分かりやすいのは、人にそっと寄り添うこと、人が喜ぶことをすること、人に好感をもっていただける立居振舞をすること、生活の中に音楽や絵画、お花、アロマ、そして明るい服などをとり入れることで気持ちが楽しくなるように心がけて生きていくこと。

そんなことを日々大切にしながら過ごしています。

離婚と反省

幸福について、まずは順番がある。
①夫婦
②家庭
③会社
④お客様

普通はこの逆を考えてしまうでしょう。
でも純粋倫理を伝えた丸山敏雄先生の唱えていることは全くその逆。
純粋倫理は夫婦道から始まりました。

夫婦仲良くしていなければ、何をやっても上手くいかない。
会社も事業もお客様との関係もすべて……。
夫婦は鏡。
一番難しくて一番幸せになる道。

かくいう私は離婚を経験しています。

このことで指導を受けたことがあります。


離婚している人は、縁があったのだから相手にごめんねという気持ちを持つこと。

相手が怒っていたら、あなたがその怒りを発信している。


相手を褒める。けなさない、注意しない、文句を言わない。

一切が「はいっ！」の実践。

そうすると嫌なことがどんどん無くなり、いい所だけが見えてくるという。


そのためには何をするか？

目が覚めたらパッと起きる実践をせよ……と。

だから天のメッセージが降りてくる。

中々そこまではいかないけれど、相手を受け入れることの素晴らしさを紐解いてくださいました。

子へ孫へ

これも、二〇一七年八月二十九日、私のバースディ・パーティーの折りに、ある方に朗読していただいた、娘婿の新倉哲郎と娘香織への手紙です。

娘と結婚した当時の息子

息子と長野喜光寺にて

哲ちゃんと香織へ。

六年前になるのでしょうか。哲ちゃんが恵比寿会議室という異業種交流会を主催していて、私は何度か楽しく参加していました。

最初から爽やかな青年だなあと思っていたのですが、三回目ぐらいの時でしょうか、篠原由香さんに帰り際、「大畑哲郎さんて感じがいいと思わない？　娘とどうかしら？　娘と結婚してくれたら、なんか守ってくれそう。声をかけてみようかしら」と相談したことがありました。

「いいじゃないですか。思い切って言ってみたほうがいいですよ」

と後押しされて、すぐ哲ちゃんに声をかけに行ったことを覚えていますか？

その時に私は、勇気を奮って、

「大畑さん、彼女はいるの？　今おいくつ？　えっ、三十三歳、あら、私の娘と同い年ね。うちの子、ちょっと変わった子だけど、よかったら今度三人で食事しない？」と言ってみたのです。

今思えば、よく単刀直入に言ったものだと可笑しくなります。

哲ちゃんはすかさず、「今彼女はいません」とはっきり言ってくれたので、「良かったぁ！」と安堵したのを覚えています。

その後すぐ実現してレストランで夕食をご一緒しましたね。「どんな服装で行ったらいいですか？」と訊いてくれたのも「わきまえている人だなぁ」と嬉しく感じたものです。


初対面なのに無口な香織がすぐ打ち解けて哲ちゃんと楽しそうに語っている姿を見て、「これはいける！」と思ったものです。

実は香織はただのお見合いみたいなのは嫌がると思ったので、「ママね、先日キックボクサーしている変わった青年に出逢ったの。なかなか爽やかな人だし、一度会ってみない？」と言ったら、「ふぅん、いいよ」とスムーズに答えが返ってきたのよね。

お互いに「変わった人だけど」がキーワード。

その二人がその気になってくれるような気がしました。親の直感ね。愛のキューピットを演じた母親でした（笑）。


そして半年後には、大畑哲郎から新倉哲郎になってくれましたね。

こんなにトントン拍子に事がスムーズに運ぶのは、きっと天の計らいだと思いました。

私の夢は、孫をもつこと。その夢を実現してくれた二人に心から感謝しています。

哲ちゃんは、新倉塾やキッズ教室、教育関係の仕事を天職として活躍されると期待しています。

あっと言う間に結婚し、すぐに二人の可愛い孫が出来ました。

ジュリちゃん、リリちゃんは、パパが大好き。いっぱい遊んでくれる父親は、子どもにとって最上の喜びですものね。


そして香織は、メモリーオイルという神秘のオイルに出会い、子育てしながら生き甲斐を見つけましたね。

ママが仕事、仕事で淋しい想いをさせてしまったけれど、我慢という感情を解放して、生き生き素敵なママにどんどん変わってきましたね。

子どもを母乳で育ててきて立派だったよ。

夫婦は楽しいことばかりではないけれど、お互いを尊重し合って末永く夫婦愛和を全うしてくださいね。


哲ちゃん、新倉家に入ってくれてありがとう！

香織、可愛い孫を産んでくれてありがとう！

そして私の子に生まれてくれてありがとう！

平成二十九年八月二十九日　ママより

娘の結婚式で

第一章　心が喜ぶことをしよう〜ときめいて生きる〜

私はまだまだ人生に対しては貪欲。

何か判断を求められる時の基準は常に「ときめくか、ワクワクするか」

この素直な気持ちの通りに行動していると、その気持ちに合った人が引き寄せられるように寄って来てくれます。

そう。これは自分の心が喜んでいるからこそ自然体で、自分の弱みも出せて、正直な気持ちを相手にきちんと伝えられるようになったのだと思います。

幸せを感じる生き方を

マナーのプライベートレッスンで気付いたことがあります。

それは**幸せを感じる生き方を求めている人が多い**こと。

幸せは自分の心の持ちようで感じるものですが、さまざまな出来事が起こり理不尽にも人や環境のせいで不幸になったと思うこともあるでしょう……。


私たちは生きていく上で人と人との関わりを切り離すことはできません。

マナーを知って身につけることはもちろん大切ですが、出会いが良縁にも悪縁にもなるのであれば、良いご縁を引き寄せる自分のエネルギーを高めること、それは自分自身の心が喜ぶこと、ワクワクすること、楽しい、嬉しいと思えること……本当の自分の気持ちを知ってその心にすなおに行動することです。


新倉かづこコミュニティサロンでは、お一人お一人がご自分の持っている能力を思う存分出しきって、それぞれの得意分野で個性を発揮されるよう応援しています。

あなたの持っている個性・能力・才能を出し惜しみせず思う存分出しきってください ね。

サロンでくつろぐ私

ワクワクときめいて生きよう

最近、とみに、心が喜ぶことをしていると引き寄せがあると感じています。

それは自分が楽しい、ワクワクすると自然と笑顔になり、同じ波動の相手が「とても楽しそう」「その空気感に入りたい」と寄って来るからのなのですね。


残りの人生……まだまだ夢に賭けたい。

やりたいことがたくさんある。

どうやら私は人生に欲が深いみたい。


最近いろいろな方から「かづこさん。変わったね。伸び伸びしてる。可愛くなった」と言われます。

可愛くなったというのは顔とかではなくて、言動のことだと思います。

本来の自分に戻ったのかも…

物事の判断をするとき、トキメキがあるか、ワクワクするかが基準。

その感性はやはり当たるのです。

やりたいことをやる。
会いたい人に会う。
食べたいものを食べる。
やめたいと思うことはサッと引く。

こういったことは一見ワガママのように見えるけれど、決してそうではない。
何かに我慢して耐えて生きていると、上手くいかない時に必ず相手や環境のせいにする。

自分が喜んで決めたことならたとえ上手くいかなかった場合でも人を責めない。
大体は自分が喜んでいるので連鎖が起きて必ず上手くいくと信じているけれど。

「こうあるべきだ」とあるべき論を唱えるのはやめよう。
こう思う、こう感じるという自分の感性を信じよう。

ある素敵な女性がこう言っていました。

「カッコつけている人よりも欠点や弱さを出している人に魅力を感じますよね」と。

まさに自己開示できる人、自分をさらけ出せる人に生き抜いていく力があるようです。

私が今までの体験から得たこと、考え方、生き方など、私の人生の集大成とも言えるすべてのものをお伝えしていきたいと思っております。

石垣島でブランコに乗って

最終目標は心が喜ぶことに磨きをかけてイキイキ、ワクワクしながら人生を送ること。

自分にすなおに生きる。

心が喜ぶことをする。

ときめくか、ワクワクするか。

その感情を大切にしよう。

自分の人生だものね。

心の声を聴いてみる

あなたの魂がずっと前から望んでいた夢。
ずっと前からやりたかった仕事や事業。
今まで頑張ってきたからこれからは女性としての幸せを感じたい。
愛する人と結婚したい。
子どもがほしい。……
自分の心の声をしっかり聞いてまっすぐ自分の人生に向かっていく覚悟。

そのような人たちは、本来の姿に向かってあらゆることが大きく変わっていくように感じています。

それは私自身にも言えること。
いよいよ新しいステージへと動き出す。
変化を恐れず一歩踏み出していきましょう。

それぞれやりたいことや夢は違うけれど、大切なことはただ一つ！

「自分も周りの人も幸せになるように生きること」

私たちは幸せになるために生まれてきた。

それが自分を大切にするということだと思います。


自分を大切にする人は、人からも丁寧に扱われる波動をもたらします。

あなたの夢の実現に向けて「自分の本当の気持ちを内観し大切にしてほしい」と強く感じています。


これからは魂で感じる時代。

表面上のメリットより本当の幸せを選ぶ。

覚悟を決めたとき、あなたの中に大きな変化を実感することでしょう。


自分を内観しよう。

協力者が現れる

ある素敵な女性から後押しされた言葉……。

「新倉かづこマナースクールをやったらいかがですか？　かづこ先生ならきっと向いてる。私もしっかりマナーを学びたいので」と。

前々からイメージを膨らませていただけに、これはゴーサインかと思い、早速立ち上げました。

形を整えるより先に、心が向いている時に一気にやってしまう。

形は後からついてくる。

そんな風に感覚を大切にしています。

ワクワクを感じながら進めていくと、不思議と協力してくださる方が現れる。

それに最近あらゆる方に「やりたいことを迷うことなくどんどんやっていった方が運が向く」と言われます。

きっと天のメッセージが人の口を通して降りてきたのでしょう。
ナルミサロンを立ち上げた時も、このようなメッセージを感じたのです。

私のコンセプトは、

☆ 上質な輝きをもつ紳士淑女を目指します。
☆ 素敵な出会いはあなたの波動で決まります。
☆ 常にステップアップしていく人生を応援します。

私がこの方にはぜひ身につけていただきたいという方には直接お声がけしています。

感性を全開にして

五感とは視る・聴く・嗅ぐ・味わう・触るという感覚。
五感を満たすには……
☆ 心がときめくこと、ワクワクすることをやり続ける。
☆ 非日常空間に身を置いてみる。
☆ 自然に触れる。
☆ 一人静かな時間を楽しむ。
☆ 美しいものに触れる。
☆ 尊敬する人や大好きな人に逢う。

何よりも自分の心が喜んでいるかが判断基準。
そこには我慢があったり、やらねばならぬ的発想があったりすると身体に変調をきたします。

やさしい笑顔と光がすべての方に届きますように……

私はよく出張先で美術館に行くようにしています。

平日は空いているので、静かに絵画を観ながら異空間を楽しむ時間は至福のひとときです。

美術館でのカフェタイムも自分と向き合う時間…

ゆとりある空間に身を置いてみる

手放す勇気

私は違和感という感覚を大切にしています。
何か、違和感があった時は、将来も必ずやっぱりという出来事が起こります。

実は……怖いくらいその勘が当たります。
いい予感と良くない予感。
できるだけいい予感を持ちたいものですね。

どうしたらその予感を感じ取ることができるのでしょうか？
それは目に見えない力。波動。エネルギー。
「気」を感じることだと思います。

何か居心地が悪い、
テンションが下がる、
元気が出ない、

気持ちがモヤモヤする、などがあったらそれはすでに自ら手放す時。

私は、わりと手放すのが早い。

我慢からは何もいいものが生まれないという経験をしているから分かるのです。

思い切って今の状況を手放すと、新しい風が入ってくる。

私もあることを手放したら、新しい仕事がどんどん入ってきた経験をしています。


捨てる勇気。

人も環境も仕事もすべてに言える。


子どもの頃の夢。

大人になった今、もしその夢が実現している人がいたらそれは天命なのかも知れませんね。

本来自分は何をしたいのだろう…。

そう考えた時に子どもの頃の記憶をたどるとヒントが隠されているかも知れません。
☆ 自分の魂が喜ぶこと、ワクワクすることがあったら、それは本来の自分が求めていたこと。
☆ 何か違和感があり居心地悪い。でも我慢しなければ……と思っているのは魂がそこから離れたいと思っているということ。

自分の気持ちに正直に生きよう!

過去の自分、そしてやってきたことを思い切って手放したことで、デトックス的な出来事がありました。
すると不思議なことに本来やりたかったことが立て続けに入ってきたのです。

心に空白のスペースをもつ。
そこには新たな風が舞い降りてくるのですね。
自分の心としっかり向き合ってみよう。
ノートに自分の気持ちを書き綴るのも効果的です。

受け入れる・受け止める

受容（受け入れる）は究極の心の持ち方。

恩師にいつも言われる言葉。

「全てを受け入れなさい。それもいいことだけじゃない。よくないことも受け入れなさい。これは究極の人間力だ」と。


中々できないことだけれど、少しだけ理解できることがあった。

その先にあるものは・・・。

何のこだわりも不足もなく、澄みきった張りきった心になる。


私たちはほとんど何らかの執着を抱えています。

「これだけは嫌だ」「許せない」「人の動向が気になる」。これも執着ですね。


相手にどう思われるかを気にしたり、動向が気になる時はまさに執着。

それに対して、自分に目を向けて、今起きていることを受け入れる。

どちらの心が平安でしょう。

「起きた現象は自分にも原因がある」と思えば人を責めなくなる。


受け入れてくれる人の傍にいたらどんなにか気持ちが安らぎ、力が湧いてくることでしょう。

でも時にはどうしても受け入れられないことがあるものです。

そんな時は「受け止める」。


「受け入れる」は相手に同意し、相手の期待に沿ったものを提供すること。

「受け止める」は「理解しようとしている」という姿勢を表現すること。


理解を示すのは同意することではありません。

たとえ受け入れなくても（同意しなくても）受け止める（理解を示す）だけで相手に安心感を与えることができる。

それは相手に安心感を与え、相手があなたの話に耳を傾けてもいいかなぁと思わせるチャンスを作ることなのでしょうね。

人間関係や起きた出来事に、どうしても納得できない、同意できないと思う時、「私はこう思うけれど、あなたはそう思うのね」というのが受け止めるということなのでしょう。

このくらいだったら出来そうですよね。

良い人間関係を作るには「受け止める」ことが大切なんですね。

我慢はやめよう

最近は私にとって幸せな日々が続いています。
それは常に自分の心が喜ぶことをしてきたから。
我慢することから自分を解放したのです。
我慢は自分の心を封印してしまうこと。
心を封印すると、本当の自分が見えなくなる。
自分の感情を分析してみる。

頭で考えると「やらなければならない」と思って感情と別の行動をしてしまう。
でも感情を大切にすると「トキメキを感じるか、ワクワクするか」を判断基準にするようになり、結果的に人への責め心がなくなり、自分の波長に合った人が寄ってくる。

私は後者の生き方をしてきました。
だから自分の波長に合った人との触れ合いがとても多くなりました。

第二章　女性らしさを発揮しよう～甘え上手になる～

私達は『男女平等』の社会で生きています。

男性と同じように教育を受けて男性並みに、いえ、それ以上に働く女性が増えてきました。

同じ女性としてとても嬉しくどんどん活躍してほしいと思います。


今は女性の感性を活かす時代。

事業も発展し金銭感覚も素晴らしい女性が多いと実感しています。

金銭をサッと支払いカッコいい女性が多いのです。


金銭が潤っている人が多いのでしょうね。

本当に素敵な女性が増えてきました。

自分のやりたいことを見つけた人は、活き活きと輝いていますね。

本来の女性性を取り戻そう

「どうしたら男性に勝つことができますか？」

以前、起業を考えている女性からこのような質問を受けたことがあります。時代とともに頑張る女性、優秀な女性が増えてきたのはとても頼もしく素晴らしいことだと思います。

ただ男性社会の中で女性の活躍が目覚ましくなり、男性以上に働き、**心が男性化して、次第に本来の女性性が失われている。**女性が女性性を否定しているのです。

女性が女性性を否定し仕事仕事で頑張りすぎるとその先にあるものは……。知らず知らずのうちに仕事で評価されるのが生きる喜びと考えている女性たちが増えているのも事実。

「男に負けないくらいバリバリと働くのが私の喜び」と男性性を高めて自ら女性

性を否定する。

本来持ち合わせているはずの女性の感性が低くなり、婦人科系疾患で苦しむ人が増えているのも現実なのです。


そして家庭やパートナーとうまくいっている女性に嫉妬してしまう。

仕事ができても稼いでも何か満たされないという思いがあったとしたら、本来の女性性があなた自身にもっと感性を大切にして……と呼びかけているのかも知れません。


私がまさにそうでした。

生理痛が酷くて「あ〜。痛くて嫌だな〜。仕事に差し支えるわ」と毎月のように鎮痛剤を飲んで紛らわす繰り返し。

生理痛が酷くて子宮筋腫にもなったことがありました。

でも結果的には手術をしないで済み、恵まれていたと思います。


自分の身体を否定していると婦人科系の病気にもなる可能性が高い。

いざベビーが欲しい時に出来にくい身体になる可能性も高い。

母性を失われていく可能性も高い……

そんなことを感じています。


経済的な事情もあると思いますが、やはり自然の摂理に従って過ごすのが一番いいのでしょうね。

私も二人目の子どもが欲しい時には中々授かりませんでした。


男性と勝ち負けの世界で生きようとする女性。

勝ち負けで生きていると平安な気持ちには到底なれないでしょう。


これからは、男性や男社会、環境と闘うのではなく、女性の豊かな感性を取り戻し、トキメキを感じる生き方をしたいものです。

女性の感性を表に出して男性の思考で現実化していく。

そんな男女の調和が理想です。

高貴で可愛い薔薇は「あなたの女性性を取り戻してね」と教えてくれているのかも知れません。

私のサロンではいつもバラが笑っている

女性性と男性性の調和

男性社会と闘うのではなく調和していく女性のあり方。

社会を作ってくれたのは男性ですものね。

その土台に乗っかって私達女性が頑張れている。

だからこそ土台を作ってくれた男性に感謝し、すなおな心を持ちたいものです。


すなおで愛嬌のある人は可愛がられる。

それができると男性は男性としての基準が上がる。

可愛がられる人は決して媚びているのではなく自然体で生きているのです。

それが幸せを感じる生き方に繋がるのではないでしょうか。


当たり前ですが、この世は男と女で存在しています。

異性だからこそ恋心が湧く。

すべてが美しく見えたり、モチベーションが上がったり、幸せな気持ちになったり……人を好きになるって本当に素敵なことですよね。

『女性性と男性性の調和』……私はよくこのテーマで講話しています。

色々な方のブログを見てもこのテーマで書いている人が多いですね。

実はきっかけを作ってくれたのは娘。

「ママ。女は心が喜ぶことをしなきゃだめ。感情を我慢していると男性性が強くなって心も身体も硬くなるよ。もっと自分をゆるゆるにしてみるといいよ」と。

そしてもう一つは、ソウルメイト小林良子さんと二〇一七年九月にタヒチに行ったこと。

幻想的なサンライズ、サンセットを見て大自然の息吹を感じながらそこには驚くほどたくさんのカップルがいた。

誰一人大声を張り上げることなく、お互いを見つめしっかり向き合っている。

こうして自然に身をまかせていると五感が研ぎ澄まされる。

天からのメッセージが降りるとはこの時のことを言うのでしょうか。

それは男女は調和してこそ実を結ぶものだと。

そこには勝ち負けの世界はない。

相手を尊重し価値観を押し付けない。
そっと寄り添う姿。

過去の私にはそれがあっただろうか……。

私は離婚という経験を持っている。
見た目は女性でも心は男性化して常に何かと闘っていた自分がいた。
家庭にもそれを持ち込んでしまった。
夫にも対抗意識を燃やし負けてはならぬと心が闘っていた。

家庭に二人男がいるようなもの。
これでは子どもにしわ寄せがいくのも当然ですね。

タヒチで良子さんと気付いたこと。
それは元々社会を作ってきたのは男性。
その土台の上に女性が社会に進出し頑張れる。
だから男性と闘わない。

勝ち負けの時代ではなく調和の時代。
闘うと女性らしさ、母性が失われる。

思考で考える男性性から感情を大切にする女性性が優位になってきた。
お互いに尊重し合う男女の調和が大切。

純粋倫理を広めた丸山敏雄先生は、夫婦道からスタートしている。
これが原点。
夫婦仲良く、男女が仲良くしてこそ家庭や事業が繁栄する。

これからは女性の豊かな感性を生かす男性が繁栄していくでしょう。
それはトキメキを与える人。

繁栄は自分の心が喜ぶことから始まるといっても過言ではないでしょう。

タヒチで良子さんと

女はゴムマリのように

今私は本来もっていたであろう女性性を取り戻しています。
男性社会で必死に仕事してきた女性が陥りやすいのは女性らしさを失うこと。
バリバリ働く女性に婦人病が多いのもその原因の一つかも知れません。

元々女性はゴムマリのように柔らかい心と身体があるはず。
女性は男性に甘えたいと本能で思っている。
その気持ちを隠して男性と闘ってしまうと、男性の男性性も自然に失われていく。

本当は、男性は女性を守りたい、幸せにしたいと思っている。
そこに男女のハーモニーが生まれたら素敵ですね。

仕事中心のツケ

損害保険会社に三十一年間務めてきた私は、残業、出張をいとわず仕事をしてきました。

仕事と家庭の両立で悩む女性は少なくありませんでした。

私もその一人でしたが、仕事にやりがいを感じていた私は仕事の比重が徐々に大きくなり一人娘に淋しい思いをさせていたと思います。

私はつねに身だしなみをしっかり整え、見た目を女らしくすることに努め、仕事と家庭を両立しようと頑張っていました。

でも心は完全に男性化していったのです。

仕事にのめり込む一方で家ではいい奥さんを演じようとしていたことに疲れ、夫とぶつかり、娘が十三歳のとき、離婚という破局を迎えてしまいました。

一人娘には愛情を注いでいたつもりでしたが、娘からすると家にほとんどいない母親。

いつかわかってくれるだろうという勝手な思い込みで、娘に「淋しい」と言わせない母親でした。

娘は無表情で無口な子に育っていき、高校生になると口を利かなくなることも多々あり、「何を考えているのだろう」と思うこともしばしばでした。

娘が二十代になり結婚を勧めたとき、娘は部屋に閉じこもり泣き崩れていました。「なんで？」と私。だいぶ後になって娘が教えてくれたのは「パパとママが結婚生活のお手本じゃないのに矛盾している」

夫婦不和のしわ寄せは結局子どもにいくのです。

ただ孫が欲しいという自分中心の考え方だったから、私の言葉を娘が受け入れるはずがありません。

私が悪かったと反省し娘に詫びたあと、ある好青年と出会い、娘と合うのではと勘が働き、二人を引き合わせたところ、あっという間に結婚に至り、その青年は新倉家に入ってくれました。

娘が結婚して二人目の子どもを出産するときに、血圧が異常に高くなり、原発性アルドステロン症という難病の疑いがあると言われ、検査入院を強いられました。それは、内臓疾患、血管の詰まりによるもので、将来動脈硬化、心筋梗塞という病気を引き起こすとのこと。

瞬時に「私が悪かったのかもしれない！」と直感しました。娘が子どもの頃にいつも淋しい思いをさせてきたツケだと思ったのです。いつも淋しい思いをさせてきた私のせいだと感じて、病院で泣き崩れて謝りました。

娘も泣きじゃくりながら「淋しかった。淋しかった。なぜ熱出したときに会社に行ったの？」

私はまだ足りないと思い、「ごめんね。ごめんね」と言ってぎゅっと抱きしめました。

その時です。それまで固かった娘の身体がふわっと柔らかくなった感触があったのです。

私の直感、「治せる！」

翌日お見舞いに行ったとき、ドクターが不思議がるほど娘の数値が大きく変わっていたのです。

「奇跡が起きた！」と思いました。

私の心が変わったことで娘の頑なな心も和らいで、すっかり元気を取り戻し、今では親友のような関係です。

娘と語らう

受け取り上手・甘え上手になる

最近私の周りは受け取り上手な人で溢れている。
それは自分を大切にしている人。
自分の感情をすなおに受けとめ、今あるものに感謝できる人。

やらなければいけないから。
我慢してやることが美徳だから。
相手の気持ちを考えてしまうから。
そんなことを思って自分の感情を抑えて、相手に合わせていたら疲れてしまう。

自分にすなおに生きる。
心が喜ぶことをする。
ときめくか、ワクワクするか。
その感情を大切にしよう。

自分の人生だものね。
☆いつまでも同じ悩みを抱えている人。
☆何かに気付いたのに何もせず自分の気持ちに蓋をしている人。
☆目の前にやりたいことがあるのにそこから一歩も動かない人。
受け取り上手な人と受け取り下手な人とに二極化しているように思います。

受け取り上手な人は天のメッセージを感じる人。

目の前にチャンスがあるのに、それに気付かず「私は私よ」と強情な心が邪魔をする。

すなおな心とは人の言いなりになるということではなく、人の言葉を通してハッと気付いたことをすぐ自分のものにして実行することをいうのだと思います。

例えば……信頼している人に「この本いいよ。読んでみたら」と言われた時にすぐ買いに行くような人。

人に素敵にメイクをしてもらったら、翌日には自分で努力してメイクをする人。

受け取り上手な人はどんどん進化する。

常に変化していく。
その変化を楽しもう。
人生は変化の連続を楽しむことなのかも知れません。

受け取り上手な人は天が味方するのですね。
ソウルメイト小林良子さんがまさにそう。時々神がかっていると思う時がある。
彼女の感性は驚くほど研ぎ澄まされている。
勘が当たる……というのでしょうか。

愛らしくて芯がしっかりして誰からも好かれるお人柄。
それは持って生まれた天性もあると思いますが、日頃の彼女の努力の賜物。

笑顔はなによりも勝る。

そして素晴らしいのは「すなおな心。ピュアな心」を持っていること。
すなおな人はぐんぐんと成長する。
すなおな人は愛される。

すなおな人はチャンスを捉え、事業も発展する。
受け取り上手。それは大きな器を持っている許容範囲の広い人ということなのかも知れません。

好きな場所ですなおな心を取り戻そう

WANTSを伝えて女性性を高めよう

最近私の周りに静かなる積極性を持った人が増えている。

それは一見大人しそうで無口で消極的に見える。

ところがどうしてどうしてピンポイントを突いた鋭い質問や問い合わせをいただく。それも穏やかに……。

そしてイベントに参加してくださったり、ナルミサロンにいらしたり……。一人でそっと行動する。

こういうことはとても嬉しい。

私がいつもお伝えしているのは、**自分の本当の気持ちを知りその気持ちに従うこと。**

ただ頑張るだけでもない。

我慢でもない。

こうあるべきだ……でもない。

こうしたい。

こうなりたい。

こうします。

要はＷＡＮＴＳ（欲しい）をしっかり持ちそれをきちんと伝えることができる人。

すなおな心を持っている人は自分を大切にしているからＷＡＮＴＳが見つけやすくなるのでしょう。


女性性を高めるにはＷＡＮＴＳを伝えよう。

女性性の高い人は男性の基準が上がる。


女性は本来受け取り上手、喜び上手、甘え上手なはず。そうなると男性は女性を喜ばせようと与え上手になっていく。

パートナーに言いたいことを我慢するのではなく「私の気持ちはこうなの」とすなおに伝えよう。

もし感情が爆発しそうになったら一日その感情を寝かせてみよう、
一日寝かせると翌日は心がかなり冷静になっているからきちんと相手に伝えられるようになる。

ガンガンいくタイプの積極性の人もいいけれど、静かなる積極性を持った人は、すなおな人が多い。

すなおな心はすなおにアドバイスを聴き、すなおに行動するからどんどん進化していく。

進化したらあとは開花するのを待つだけ。

自分の個性を知って、自信を持ってメッセージを伝え、輝く人生を送ってほしい。

新倉かづこコミュニティ「ナルミサロン」はそんな方を応援していきます。

第三章　美意識を持って生きよう　～わたしのこだわり～

もっともっと文化に触れて心豊かに過ごしたいものですね。

私の将来の夢はどっぷり文化に浸れる生活。

美しい音楽、感動的な映画、人の生き方を感じる舞台、美しい絵画、お花に囲まれていい香りのするアロマを焚き、癒される音楽を聴きながら美味しいコーヒーを飲む……。

とても贅沢な時間ですよね。

皆さんの贅沢な時間は、どんなことをしているときですか？

声をコントロールする

「新倉さんの声っていいですね。声に癒されます」と多くの方がよく仰ってくださいます。声を誉められるのは最高の喜びです。

私の子どもの頃の夢はアナウンサー。

綺麗な声で美しい言葉を遣うアナウンサーの仕事にとても憧れていました。

決して自分の声に自信があった訳ではなく、アナウンサーの声のトーン、間の取り方、話し方にずっと興味を持っていました。

小学校の頃は放送部に入りマイクを通して話すドキドキした緊張感がたまらなく好きでした。

最近の民間アナウンサーは声が高くてキャピキャピしている方が多いように思います。

でも**本当に落ち着く声は低い声。そう、アルトの声なんです。**

何かの本に「出来る女性はアルトの声」であると書いてありました。

パーソナリティー時代

以前、レインボータウンFMでパーソナリティーを務めた時にマイクを通して話すときは、ワントーン落として話していました。
それで声の出し方が訓練されたのか「聴きやすい声ですね」と言われるようになったのです。
私は元々ハスキーボイスで声が高くとても早口でした。
でも仕事を通してボイスコントロールすることが出来るようになったのだと思います。

相手との距離を把握しながら声をコントロールするのです。
周りがうるさいときに大声で怒鳴って話してもますますうるさくなるばかり！
そのような時は周りを見渡し間を取って静かに話す。
そうすると「アレッ？」と思って自然と静かに耳を傾けるようになるものです。

あなたの声の出し方はいかがですか？

語りを美しく

国語の授業では朗読をするのが大好きで、先生から「読みたい人？」と言われると、必ず大きな声で「はい！」と手をあげていました。

小学四年生の頃、ちょっと恐かった担任の先生がよく本の朗読をしてくれました。特に印象に残っているのが『ああ無情』。

内容も素晴らしいものだったけれど、何よりも先生の低い静かな淡々とした語り口と抑揚が大好きで、クラスの皆全員でシーンと静まりかえって聴いていたものでした。

朗読の時間が何よりも楽しみだった私は、次のストーリーはどんな展開になるのだろうと胸をワクワクさせていました。

今の子どもたちはこのワクワク感を抱くことはあるのでしょうか？

耳から聴く朗読は、頭の中で登場人物の顔や背景など想像がどんどん膨らんできます。

今の時代は「こうしたらその先どうなるのだろう」という想像力が大切です。
それは相手の気持ちを理解したり思いやるという、まさにマナーを養うことだと思っています。

読書は至福のひととき

よく研修で「子どもの頃童話を聴かせてもらったことのある人?」「自分の子どもに童話を読んであげている人?」と訊いてみると、驚いたことに数人しか手があがりません。

テレビなどの目に見えるものもいいけれど、耳から聴いた物語や人の言葉など、目に見えないものを感じ取る力が必要です。ぜひ次世代の人たちに語りつないでいきたいものです。

自分のメッセージを伝えるときに役立つ『起承転結』

人前でスピーチをする機会のある人が私の周りで増えてきています。

自分の体験、考え、想いを語る……

その経験はこれからの人生に大きな自信となるでしょう。

私は各地で研修や講演活動をしていますが、あらためて再認識していることがあります。


スピーチに慣れていない人はとかく自己紹介に終始してしまい、聴いている人にとっては一体いつ本題に入るのだろうとヤキモキするものです。

そこで**話し方の起承転結の割合は、「起二、承二、転五、結一」。**

一番言いたいところ、一番聴きたいところは「転」。

何が問題だったのか、どう解決したのか、どう変化したか……など、誰にとっても聴きたいポイントはこの部分になるのではないでしょうか？

そして「結」。今後の決意や抱負などを述べて締めくくります。

何よりも場数を踏めば踏むほど味が出てくるものですから、自己紹介などスピーチする場面があったら積極的に話すようにしてみましょう。


私は話す前に必ず頭の中でイメージを膨らませます。

そして三つの柱（ポイント）を組み立てます。

それ以上になるとポイントが定まらず聴いている人にとっては焦点がぼけてしまうからです。

記憶できるのは三つまでと心得ておきましょう。


また簡単なレジュメを用意すると、どのような構成で話すのか脱線しそうになったとき軌道修正できますし、聴き手にとっても方向性が見えるので安心感を与えます。

案外、脱線したお話が印象に残るということもあるので時にはそのような余裕も必要ですね。

私は聴き手の皆さんの表情が「あっ、今この話に関心を寄せてくれている」と感じたときはその話に幅をもたせるようにしています。

そして何よりもスピーチの上手い下手ではなく、あくまでも誠意を示すこと。

また聴いている人はどのような立場の人なのかを分析することも大切ですね。

例えば……男性が多いか、女性が多いか、年齢層は？……などなど。

相手を顧みず、ただ自分の話を延々と述べていてはソッポを向かれてしまいます。

あくまでも話し手ではなく聴き手が主体なのですから。

私が人前でお話しするのにいつも心がけているのは一期一会の気持ちで話すこと。

今聴いてくださっている人とのご縁は、最初で最後かもしれない。

そんな気持ちで心を込めてお話ししています。

ぜひ皆さんも印象に残るスピーチをしてくださいね。

そしてチャンスが来たら「ご指名ありがとうございます。ご期待に添えるかわかりませんが、精一杯努めますのでよろしくお願い致します」と前向きな姿勢を示しましょう。

スピーチは全力で

美しい日本語の表現力で人を癒そう

言葉、表情、態度は心で思っていることが出てしまうもの。

単刀直入でなくても嫌味に聞こえてしまったりすることありますよね。

相手の言葉が嫌味だったらこれも敏感に伝わります。

またお世辞でどんなに美辞麗句を並べたてられても瞬時に本気でないなと見破られてしまいます。


一番厄介なのは、本当は自分が思っているのに「○○さんがそう言ってる」という表現をする人です。

それでも言い訳は「言わぬが花」。


また「コミュニケーションが苦手だから」と言う人をよくみかけます。

でも自分はダメだと思う必要はありません。


それよりも聴き上手に徹すること。

ただ聴き上手というのは、相手に関心をもち質問力を備えていなければ相手に伝わりません。
質問は関心をもっていないと出てきませんものね。

よく昔の日本人は「あなた、お茶が入りましたよ」と言っていました。とても奥ゆかしい言葉です。
自分がお茶を入れたのですが、自然にお茶が入ったという表現は美しいですね。
最近は「あなた、お茶入れたわよ」と言ってしまう。
これは心では「私が入れてやった。早く飲んで」という気持ちが先行しているのです。

実は私もよくそんな表現をしているなと反省しています。

また「お風呂が沸きました」を、私が！という我を出すと「お風呂沸かしたよ」となりますよね。

言葉って本当に面白いものです。

ですから**日頃から相手を責めず明るい心でポジティブな言葉を発するよう努めることです。**

あなたはいかがですか？

そうやって考えると日本語って難しいけれど奥ゆかしくて美しい言葉が多いですね。

日々豊かな言葉を使ってみたいものです。

ナルミサロンシークレット
セミナーで

流れのよいコミュニケーションの取り方

企業研修のご依頼で圧倒的に多いのは「コミュニケーション」研修です。

ある日ある方と本音で話し合いました。
思っていることを吐き出しましたし、相手の言っていることにも共感を覚えました。
また不思議なことに境遇が似ていることがわかりびっくり。
相手も私も双方にじっくり聴き、そして話す。
その配分がなんとも心地いいのです。

相性のいい人とは「聴く・話す」のやり取りが尽きない。
相談事であっても、自分の思いを吐き出しているから心が満たされます。
だから結局自分が判断し、すべてを決めている。
起きていることはすべて自分が起こしたこと。
でもよくあるトラブルは一方的に話したり説明したりしてしまうこと。

これでは本当のコミュニケーションになりません。

私の思うコミュニケーションの取り方は、

① 聴く（心の声を聴く）
② 共感（寄り添う）
③ 質問（関心）
④ 会話
⑤ 説明
⑥ 会話

こんな流れを意識すると、相手の心が開かれていき、人間的魅力につながります。
聴く、共感、質問がなくて、すぐ説明に入ってしまうと相手は消化不良になってしまい聴く耳をもたなくなります。

花を愛でる暮らしを

新倉かづこコミュニティサロンのイメージ花は薔薇を基調としています。
まさに紳士淑女の嗜み・美しい振舞にぴったり。
そしてすべてのお花に言えますが、見ているだけでとても幸せな気持ちになります。
また幸せな気持ちでなければお花を愛することもできないでしょう。

そしてお花は平和の象徴。
戦争や闘いのあるところにはお花は似合いません。
だからこそ心が闘っている人は、お花を飾ると優しい気持ちになるでしょう。

幸せかどうかは自分の心が決めること。
人がどう見ているかではありません。

薔薇は高貴で品格あるお花。

お花に癒される

棘は自分を守っているのかも知れませんね。
カラフルローズは仲良くお喋りしているようです。
私は良くお花と語ります。
バラは「私を最後まで見つめていて」
それは、パラパラと散ってしまった
花びらをバラ風呂にしたり、ドライフラワーにして飾ることができる。
いつまでも私たちを楽しませてくれます。

色を味方にする生活を楽しもう

その昔美輪明宏さんが兵士にピンクの服を着せたら戦う意識を失くして戦争がなくなると仰っていた記憶があります。

面白い発想ですよね。

色はその人の意識を表します。


癒しの色でイメージされやすい色は、自然を連想させる緑や、明るいパステルカラー。ベージュなどのくすんだ優しい色も落ち着く色、癒される色としてイメージされることがありますね。


私は人生の中ですべての色を身につけてみたいと思っています。

要はどの色も似合わせてしまう。

色を味方にしていくという考え方が好きなのです。


写真の花はサトザクラ。

私は薄いソメイヨシノよりもこのようなはっきりとしたピンクが好き。

サトザクラに囲まれて

ピンク色にも素敵な意味がたくさんあります。「無条件の愛と気遣い」「女性らしさ」「やさしさ」「配慮」「無邪気」「甘え」そして「自己受容」など。

愛を与えるのは無限にできるのですが、受け取るのは苦手、下手という人はピンクを選ぶ傾向にあるそうですよ。

努力家で何でも頑張るのですが、素直さに欠けているという意味も隠れているんですって。

私は男性のピンクのシャツが意外と好き。ピンクは和やかなムードにしますよね。ピ色を味方にした生活を楽しみたいものです。

身だしなみは身を美しく〜ＴＰＯに応じて服装を考える〜

あなたはＴＰＯを考えて服装を整えていますか？


おしゃれと身だしなみは違います。

おしゃれは自分がしたいと思うもの。

身だしなみは誰から見ても好感のもてるもの。

高価なものは必要ありませんが、やはり人前に出る時は清潔感ときちんとした印象が大切です。


そしてお会いする人を事前に調べ、服装を決めるのはその人のプロ意識の表れとも言えるでしょう。

所構わずどんな時もどんな場面でもいつも同じような服装では人間関係を損ないかねませんし魅力に欠けますね。

面倒だと思ったらそれは怠慢です。

人の魅力は「あら素敵！」と思わせる意外性が大切な要素の一つ。

スーツ姿ばかりの人はオフでは明るい色のカジュアルな服装やフェミニンなワンピースなども意外性があって素敵ですね。

私は五年前までは仕事や法人会に出る時はほとんどスーツでしたが、**最近は「大人可愛い十歳若がえるファッション」に切り替えました。**とても楽になっただけでなく、気持ちもフワッとした柔らかな感覚になってきました。

やはり服装は大切ですね。スーツは勝負服。今の私は勝ち負けはもう必要ないので手放しました。

若いうちはそれでもいいかも知れませんが、私くらいの年代では柔らかな印象を持たせるのも大切だと思っています。

カラーは、顔がくすまない色を選ぶのがポイントです。

夏は柄のワンピースも着ますが、ジャケットを羽織るとキチッと感が出ますね。

特に気をつけたいのは襟元と袖口の汚れ。

夏は汗ですぐ汚れてしまいますのでいつも気を遣うところです。
身だしなみとは手間暇かけて洋服やバッグ、靴の点検をすること。
アクセサリーは鏡を見てトータルバランスを考えましょう。

また女性はナチュラルメイクを心がけること。
どんなに素顔に自信があっても、それではあまりにも無防備です。

特に女性の肌で美しいのは透明感。
そのためには日頃の食生活など健康管理が大切ですね。

ビジネスマンにとっての身だしなみは、ある意味「勝負服」といえます。
一瞬の出会いで相手に印象を与えるのですから、相手に「素敵！」と思われるような身だしなみを意識しましょう。

身だしなみとは「身をたしなむ」こと。
日々の心がけ次第であなたの印象をよりアップさせてくれるのです。

相手との心理的距離

異業種交流会やセミナー等に参加すると新たな出会いがたくさんあります。出会いを求めて参加する人、そこでビジネスチャンスを得ようとして参加する人、内容に関心があるので純粋に学びたいと思って参加する人など……。人によって参加する動機はマチマチです。

ただ最近思うのは、どうもインスタント脳になっていないかということ。

本来の仕事の取引というのは、その仕事の中身や商品よりも、その仕事に携わっている人がどれだけ信頼できるか、魅力があるかで判断されるのではないでしょうか？

一度会ってすぐ電話して「いいお話があるのでお目にかかれませんか？」というのは相手の懐に土足で入ってくるようなもの。

ただお互いが一瞬にしてビビッと感じるものがあった場合は例外ですが……。

恋愛だったらあり得るかも知れませんね。

私は一度会っただけで相手のこともよく分からないのにすぐ電話して「お時間取っていただけますか？」という心境がよく分かりません。

それでしたらまだ手紙で書く方がよいと思います。

そのときに「ご興味がなかったらご返信は一切お気遣いなさらないように」と一筆添えることです。

出会った人をすべてビジネスへつなげようと思うのはあまりにもインスタント脳。

ただ怪しいと思われてしまいます。

じっくり時間をかけて信頼されてこそビジネスチャンスが生まれると私は思うのです。

またよくお会いしている方でも、当たり前のように朝晩関係なくメールや電話をしてくるのも困ってしまいますね。

長くいいお付き合いをしたいのであれば、相手との距離感を上手に取ることが大切

ですね。

電話やメールは効率的に

特に夜などのプライベートタイムでは自分から先方に電話をかけた場合は「夜分にすみません。今少しだけお時間よろしいですか？」と尋ねることです。

相手とのいい心理的距離は「近すぎず離れすぎず」。

この空気を読めない人は、次第に人間関係がギクシャクしてしまうでしょう。

あなたは大丈夫ですか？

トラブルがあった時こそ冷静に対応する

美意識はどういう時に表現されるのか……。

それは何か問題があった時やトラブルがあった時に冷静に対応できる美しい大人のあり方だと思っています。

そういう時こそ人は本性が出てしまいます。


どんな時も穏やかな対応ができる人こそ紳士淑女だと思っているのです。

紳士淑女はどんな時も変わらない態度の取れる人だと言えるでしょう。

そういつも自分に言い聞かせながら日々を送っています。

人に寄り添う生き方を

情緒とは、

「何かに触れて起こる様々な感情」

「怒りや喜びなどの感情を誘う雰囲気」

「恐怖や驚き、喜びなどの一時的な感情」

という意味ですが、その**感情を共有できる人が傍にいたら幸せですね。**


特に喜びや悲しみを共有できる人。

私たちが生きていく上で大きな人生の糧になることでしょう。


それは愛する家族、恋人、友人、同じ志の仲間。

特に空気のような存在になっている夫や妻がまさに共有できる人。

でも現実は一番身近にいる人が、案外お互いにソッポを向いていることが多いので、様々な苦しみがやってくるのでしょう。

母とまどろむ

相手に寄り添う努力をしなければ、その大切さに気付かないのかも知れません。

私は元夫にそのような努力はできませんでした。

離婚したことを後悔はしていませんが、反省点はたくさんあります。

花には水を！
人には愛を！
心に太陽を！

私が大切にしている信条をあらためて認識しました。

今日も九十二歳の母に寄り添って過ごします。

心のコントロール

私達は生きていくうえでさまざまな問題や困難に出会います。

その苦難を乗り越えることが人生の醍醐味とも言えるのでしょう。


二年前、胃が痛むような出来事がありました。

私自身に直接起きたことではないのですが、飛び火が廻って来たり、全く思ってもないこと、予期せぬようなことが起きるものです。

特に相手の感情がコントロールできない場合は厄介です。

思うままに怒りの感情をぶつけてくる人……。


企業のクレーム対応研修でもほとんどの事例が、相手の話を全く聴かない激昂した感情を表すケースです。

そういうときは一緒になって感情的になってはならない。

最近そういう傾向のクレーマーが多いようです。

クレーム対応の職場の方のご苦労はどれだけ大変なことでしょう。

私はいつも思うのです。

この豊かで便利な時代だからこそ、落とし穴があると……。

それは心の淋しさ、心の闇を持っている人が増え続けているということ。

感情をぶつけてくる人は「私は淋しい。もっと私のこと分かって。なんでみんな私のこと分かってくれないの」と訴えているのです。


人を責め続けることで自分の欲求を満足させようとしても、最後は人を責めた自分に跳ね返ってきます。

そして孤独感に襲われるのです。

愛情を与えることよりも愛情を求め続けているのですね。

それを正直に言えばいいのですが、そうはならない。

自分が淋しいことに気がつかないから厄介なのです。


そういうときは静観する。

すぐに問題解決とはならなくとも焦らない。

そして事実をきちんと把握する冷静な頭をもつ。

美輪明宏さんがよく言っています。

文化に触れて心を落ち着かせる

「頭はクールに心はホットに」。

私は何か問題があるといつもその言葉を思い出して対処するようにしています。

そして、困難がきたときは自分の器を試されていると悟ってこれからも冷静な心、平常心を磨き続けていこうと思っています。

書くこと～それは自分と向き合う時間

人前でお話しする機会ができたのも、ブログやノートの活用で自分の思いを書き続け、自分と向き合ってきたからだと思います。

四歳で生き別れした父は、生前私に自伝をプレゼントしてくれました。文才に長けていた父だったようです。手紙もたくさん送ってくれていました。最近は四十年前の父の手紙の一部を皆様に読み上げています。何となく父が喜んでいるような気がしたからです。

書くことは自分と真剣に向き合うことなので、自分の本当の気持ち、望んでいること、好きなことが見えてきます。

父はかなり自分と向き合ってきた人なのでしょう。長い年月を経てようやくそんな父の思いがわかるようになりました。それは自伝や手紙という目に見える形があったからです。

ありがたいことだと思います。

自分の生きてきた証を残すには、メッセージを書くのがいいですね。

何を考え、何を目指して生きてきたか。
ブログ、フェイスブック等々、今は便利なツールがたくさんありますから上手に活用し次世代に伝えていきたいものです。

言うのが苦手だったら書きとめていきましょう。
できればノートがいいですね。
時系列で心の変遷がわかるからです。
また書くこととスピーチ力は比例していくものです。
書いていくと頭の整理がつくので、スピーチ力アップに繋がります。

優先順位を上手につけると仕事も人生も楽しくなる

出会いが多くなればなるほど色々なお誘いを受けることが多くなりますね。

たった一回だけの出会いでもチラシを渡されたり様々なお誘いを受けますが、まだ人間関係が深まっていないときは自分の直感で決めることがほとんどです。

イベントやセミナーなどに参加するときは、私にとって今の優先順位は何かを常に考えて決めています。

特に自分の健康管理、仕事に差し支えないか、家族とのバランス、その人とのお付き合いの程度……などなど、少し大げさかも知れませんが、総合的に考えて参加するかしないかを決めています。

そして最優先は九十二歳の母との時間。

あと何年一緒にいられるのだろうと思うと愛おしい時間なのです。

仕事はもちろん大切ですが、**今は家族との時間、プライベートの時間を充実させることに意味を感じています。**

時間は戻ってこない。

若い頃は仕事仕事でやってきただけに「プライベートを充実させるために仕事をする」という設定に変えました。


またフェイスブックをやっているとイベントのお誘いの多いこと。

友達関係が増えるほどイベントのご案内が多くなります。


でも人間というのは、だんだんこのようなことが続くと飽きてしまうもので「あ～。またか」と思ってしまう。

また名刺交換したらすぐメルマガが来る。

今は本当に情報過多の時代ですね。

情報過多はストレスの原因になります。

一斉配信しているメルマガのように誰にでも案内しているということではなく、

しっかりといいお付き合いをしていく中で「あなただけにお誘いしています」という感覚が必要ですね。

また前から約束していたことを断って後からきたお誘いに乗り換えるのはマナー違反。あくまでも先約優先です。

小さな約束ごとでも守り続けてきた人は必ず信頼されます。

以前私も、先約をやめて後からきたお誘いに乗り換えようとしたことがありました。
でもそれではあまりにも相手に不義理をしてしまうのではと良心が咎め、やはり先約優先を実行しました。
後になって本当にそれで良かったと心から思ったものです。

また、**最も良くないのはドタキャン癖。**
ドタキャンが多い人は癖になっているので必ず繰り返します。
そしてたくさんの言い訳が始まります。

約束をしたならば、よほどのことがない限り、きちんと前日から体調を整えておくこと。

前日の過ごし方にその人のプロ根性が表れるといってもいいでしょう。

これができる人はやはり信頼されますね。

愛と優しさ・・
それは相手を想う時間

自分を表現することを諦めない

昨年から全世界に新型コロナウイルスの感染が拡大し、収束の見通しが立たないまま二〇二一年を迎えました。

今まで思ってもみなかったオンライン化。

リアルとオンラインの併用も日常的となりYouTubeなど映像を通して多くの人がメッセージを伝える時代になりました。私は昨年から「変化を楽しみ進化し続けて開花する」という言葉を使ってきましたが、まさに時代の変化に順応していこうとする学びの連続です。

Zoomオンライン化によりいつでも全国、全世界の人と会うことができる。

なんと便利なツールなのでしょうか。

「オンラインこそ人柄が表れる」　花セラピストの事業を立ち上げ全国で大活躍されている青山克子さんの言葉です。

オンラインは自分の顔が見えるだけに客観的に自分を分析することができます。

そしてメッセージ性が高いのはもちろんのこと、声、言葉遣い、表情など最大限に自分を活かして相手に印象づけることが求められます。

まさに私たち人間は「表現者」です。


勇気をもって発信する人が増えたことはとても素晴らしいと思います。

ただ様々な情報が飛び交い、あまりの情報過多で本物を見失うこともあるでしょう。どんな大変な社会状況であっても、人は明るい情報を求めている。

本物をみつけたいとき、自分から情報を取りにいきましょう。本が好きだった父、手紙が好きだった父、自伝を書いてくれた父・・・
私はそんな亡き父の強いメッセージ性のある個性(たち)を活かして継承していこうと決めました。

メッセージを伝えるにはいい言葉を使いたい。

人間にしかできない言葉の表現力に磨きをかけたい。いつも表現することを諦めない。

そのためには「書くこと。話すこと。声を美しく出すこと」が大切。

私が気をつけている言葉やメッセージを発するポイントは・・・

①人が幸せになるような話をしよう。
②誰かが元気になる話をしよう。
③自分の気持ちや想いを正直に伝えよう。
④カッコつけず自分の体験を伝えよう。
⑤誰かがあなたの言葉で幸せになったり、元気を与えると信じよう。

私たちは生涯かけて自分を表現する力を身につけ、自分の想いや本当の気持ちを勇気を出して発信していきましょう。感情を表現するのは人間にしかできないことだから。

沖縄の八重山にて講話

あとがき

最近ブログやFacebook、YouTubeなどのＳＮＳを見ていて自分のメッセージを勇気をもって発信する人が増えてきたように思います。

昨年から続くコロナ禍の中でオンライン化が急速に進み、画面を通して自分を表現する人もたくさん現れてきています。

便利になったツールを使ってこれからはどんどん発信していく時代ですね。


私は責め心や批判ではなく人に幸せや励ましを与える前向きなメッセージが好きです。今のような不安定な社会状況が続くと、私たちの心は知らず知らずストレスが溜り、心の奥に「不安」や「怒り」を抱えてしまいます。

怒りを心の奥に持っている人は自然と文面に表れてしまうので瞬時に分かります。


私の父はたくさんの手紙や二〇〇頁に及ぶ自伝を私にプレゼントしてくれました。当時はそれが大切なものとは気づかず封印していたのですが、今はこのように目に見える形に残してくれた父に涙があふれるほどありがたくて胸が震えます。
その父の遺伝なのか、二年前から無性に何か書いて形に残したいという衝動に駆られ、十年以上書き綴ってきたブログを野中由彦さんに編纂していただきました。膨大な量をまとめてくださったご尽力にあらためてありがとうございます。

書くことが好きでメッセージ性の強かった父の個性(たち)を活かすこと、物理的に離れていたとはいえ、親子やご先祖はすべて繋がっているということを実感しています。そのことに気づいてから私は本当に父の子、母の子であることとの深い絆を感じたのです。

最近は母が「お父さんは、かづこが本を書くことをすごく喜ぶと思うよ」と何度も言います。母も見えない不思議な力を感じるのでしょう。

昨年十一月二八日、万代宝書房の釣部人裕代表と工藤直彦先生と三人で対談した収録内容の書籍が出版されたお蔭で私の心に火がつき「その2」を出版する運びとなりました。

数年前から本を書きたいと思いつつ、なぜかブロックしていた私がこの対談ですっきりしたのです。

今年の私のキーワードは「読むこと。書くこと。伝えること」
☆あなたが封印していた思いを吐き出してみよう。
☆あなたが過去に得意だったことを思い出してノートに書きだしてみよう。
☆あなたの持っている才能や能力を表舞台に出してみよう。
☆あなたの言いたいこと、伝えたいこと、ワクワクすることを思い切って発信しよう。

発信すると自分に責任を持つので本当にその通りになると信じています。

この本がメッセージを発信したいと思う人に少しでも勇気を与えることができたら幸いです。

最後に私の尊敬する経営者　株式会社銀座・トマト、そしてＶＡＶ倶楽部 会長の近藤昌平様に推薦の言葉をいただきました。ある異業種交流会でご講話をお聴きした時に、ご両親を思う気持ちに感動し、穏やかなお人柄に惹かれ何かと懇意にさせていただいております。

ここにあらためて、心より御礼申し上げます。

二〇二一年三月八日

新倉　かづこ

【新倉かづこプロフィール】
株式会社ナルミ　代表取締役
企業研修・セミナーマナー講師
魅せるマナーコンシェルジュ

上質な輝きを放ち自分らしさを追求する紳士淑女が集う新倉かづこコミュニティ「ナルミサロン」主宰

2007年3月
「株式会社ナルミ」設立

株式会社　Narumy　ナルミ

【サロン連絡先】
研修・講演・ナルミサロン、その他のお問合せなど、どのようなことでも、お気軽にご相談ください。

Eメール　info@narumy-mnanner.com
HP　https://www.narumy-manner.com/
ブログ　https://ameblo.jp/narumi-healing/
オフィシャルサイト　niikurakazuko.com

〒150-0013
東京都渋谷区恵比寿3-3-2
株式会社ナルミ

ふんわりまろやかなゴムまりのように その２
～幸せを感じる生き方～

2021年3月8日 第1刷発行
著　者　新倉かづこ
発行者　釣部 人裕
発行所　万代宝書房
〒176-0002 東京都練馬区桜台 1-6-9-102
電話 080-3916-9383　FAX 03-6914-5474
ホームページ：http://bandaiho.com/
メール：info@bandaiho.com
印刷・製本　小野高速印刷株式会社
落丁本・乱丁本は小社でお取替え致します。

ISBN　978-4-910064-40-6　C0036

装丁・デザイン／　石黒 順子

万代宝書房について

みなさんのお仕事・志など、未常識だけど世の中にとって良いもの（こと）はたくさんあります。社会に広く知られるべきことはたくさんあります。社会に残さなくてはいけない思い・実績があります！　それを出版という形で国会図書館に残します！

「万代宝書房」は、**『人生は宝』、その宝を『人類の宝』まで高め、歴史に残しませんか？**」をキャッチにジャーナリスト釣部人裕が二〇一九年七月に設立した出版社です。

「実語教」（平安時代末期から明治初期にかけて普及していた庶民のための教訓を中心とした初等教科書。江戸時代には寺子屋で使われていたそうです）という千年もの間、読み継がれた道徳の教科書に『富は一生の宝、知恵は万代の宝』という節があり、「お金はその人の一生を豊かにするだけだが、知恵は何世代にも引き継がれ多くの人の共通の宝となる」いう意味からいただきました。

誕生間がない若い出版社ですので、アマゾンと自社サイトでの販売を基本としています。多くの読者と著者の共感をと支援を心よりお願いいたします。

二〇一九年七月八日

万代宝書房